# ASTRÉE,

## *TRAGEDIE.*

Par Monſieur DE LA FONTAINE.

REPRESENTE'E

PAR L'ACADEMIE ROYALLE

DE MUSIQUE.

On la vend,
A PARIS,
A l'Entrée de la Porte de l'Academie Royalle de Muſique,
Au Palais Royal, ruë Saint Honoré.

Par CHRISTOPHE BALLARD, ſeul Imprimeur du Roy
pour la Muſique.

### M. DC. XCI.

*AVEC PRIVILEGE DV ROY.*

# ACTEURS
## DU PROLOGUE.

APOLLON.

*ACANTE* suivant d'Apollon,

*La Nymphe de la Seine.*

*Chœurs des Muses.*

*Chœurs de Bergers.*

*Nymphes suivantes de la Seine.*

*ZEPHIRE.*

*FLORE & sa suite.*

# PROLOGUE.

Le Theatre reprefente la veuë de Marly
dans l'efloignement, & les bords
de la Seine fur le devant.

APOLLON defcend.

LA NYMPHE.

DIEU du Parnaffe & du facré Vallon,
Quelle avanture en ces lieux vous attire?

APOLLON.

Mars de tout temps ennemy d'Appollon
Me force a quiter mon Empire.

LA NYMPHE.

Noftre Monarque vous promet
Un repos qu'on n'a plus fur le double Sommet.

APOLLON.

Jupiter luy-mefme auroit peine
A calmer aujourd'huy tant de Peuples divers.
Rien n'impofe à prefent filence à l'Univers;
Et cependant je vois les Nymphes de la Seine
S'occuper à l'envy de Mufique & de Vers.

# PROLOGUE.
## LA NYMPHE.

*Nous tenons ces faveurs d'un Roy plein de sagesse.*
*La terreur & l'effroy respectent ces beaux lieux.*
*Des chants les plus délicieux*
*Nos bois retentissent sans cesse.*

*La paix regne dans nos ombrages.*
*Le murmure des eaux, les plaintes des Amans,*
*Les Rossignols par leurs tendres ramages*
*Occupent seuls Echo dans ces lieux si charmans.*

## APOLLON.

*Joignons tous nos accords: approchez vous Acante.*

*Fille de l'harmonie, ô paix douce & charmante,*
*Comme j'unis les voix reviens unir les cœurs.*
*Par son retour la saison la plus belle*
*Annonce en mille endroits la guerre & ses fureurs;*
*Fais qu'en ces lieux l'amour se renouvelle.*

## APOLLON, LA NYMPHE ET ACANTE.

*O! Paix reviens unir les cœurs.*
*Par son retour la saison la plus belle*
*Annonce en mille endroits la guerre & ses fureurs;*
*Fais qu'en ces lieux l'amour se renouvelle.*

## Le Chœur.

*Fais qu'en ces lieux l'amour se renouvelle.*

## APOLLON.

*Et vous compagnons du Printemps,*
*Zephirs par qui les fleurs renaissent tous les ans,*
*Embellissez ces bords de leurs graces naïves:*
*Ramenez icy les beaux jours;*

# PROLOGUE.

*Doux Zephire invitez à danser sur ces rives*
*Flore & la mere des Amours.*

### LA NYMPHE.

*Dans ces lieux les dons de Flore*
*Font accourir les Zephirs;*
*Et les larmes de l'Aurore*
*Se joignent à leurs soûpirs.*

*Les fleurs n'en sont que plus belles;*
*Joüissez de leurs attraits :*
*Flore à leurs graces nouvelles*
*Donne icy de nouveaux traits.*

*Toutes saisons n'ont pas ces richesses legeres*
*Dont l'émail peint nos champs de diverses couleurs;*
*Bergers, venez cüeillir les fleurs;*
*N'y venez point sans vos Bergeres.*
*Joüissez des dons du Printemps;*
*Tout finit, profitez du temps.*

### Chœur.

*Joüissons des dons du Printemps;*
*Tout finit, profitons du temps.*

### Les Chœurs.

*Est-il quelques rivages*
*Qui ne connoissent point l'Amour?*

### LA NYMPHE & ACANTE.

*Si les Bergers luy font leur cour,*
*Les Roys luy rendent leurs hommages.*

# PROLOGUE.

## Les Chœurs.

*Est-il quelques rivages*
*Qui ne connoissent point l'Amour.*

## LA NYMPHE & ACANTE.

*Il n'est point de lieux si sauvages,*
*De cœurs si fiers, d'esprits si sages,*
*Que ce Dieu ne dompte à leur tour.*

## Les Chœurs.

*Est-il quelques rivages*
*Qui ne connoissent point l'Amour.*

## APOLLON.

*Vos chants sont pour l'Amour, ma Lire est pour la*
*Gloire.*
*Du nom de deux Heros je veux remplir les Cieux,*
*De deux Heros que la Victoire*
*Doit reconnoistre pour ses Dieux.*
*Muses profitez d'un azile*
*Où tout est paisible & tranquille.*
*Representez dans ce séjour*
*Un Spectacle où regne l'Amour.*
*Ce Dieu récompensa quelques momens de peine*
*Qu'eurent Astrée & Céladon.*
*Faites voir aux bords de la Seine*
*Les avantures du Lignon.*

## Les Chœurs.

*Que nos chants expriment nos flames,*
*Répandons dans tout ce fejour*
*Le charme le plus doux des ames,*
*Les Chanfons, les Vers, & l'Amour.*

### Fin du Prologue.

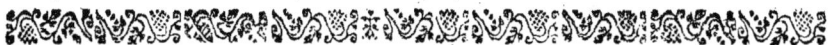

# ACTEURS
## DE LA TRAGEDIE.

ASTRE'E *Bergere.*
CE'LADON *Amant d'Aftrée.*
SE'MIRE *Amant d'Aftrée.*
PHILIS *Confidente d'Aftrée.*

HILAS *Berger.*

TIRCIS *Berger.*

GALATE'E *Princeffe du Foreft.*

LEONIDE *Confidente de Galatée.*

ISMENE *Fée.*

Troupe de Druides.

Troupe de Bergers & de Bergeres.

Efprits Æriens.

Nymphes.

Genies.

Peuples du Foreft.

Troupe de la fuite d'Ifmene.

LIZETTA.

GALIOFFO.

GAMBARINI.

*La Scene eft dans le Foreft.*

ASTRE'E.

# ASTREE.

## *TRAGEDIE.*

---

# ACTE PREMIER.

Le Theatre represente le Païs du Forest, arrosé de la Riviere du Lignon, sur les
bords de laquelle sont plusieurs Hameaux
& Boccages.

## SCENE PREMIERE.

### SEMIRE.

PERFIDE *que je suis, infortuné Sémire!*
*Les bruits qu'en ces Hameaux je répands*
*tous les jours*
*Soulageront-ils mon martire?*
*Que me sert de troubler d'innocentes amours?*

A

# ASTRE'E,

J'ayme Astrée, & je tente un dessein témeraire.
Je détruis son Amant ; mais que fais-je pour moy ?
Ce qui le rend suspect de violer sa foy
  Me rend-il capable de plaire ?

Au sein d'Astrée, en vain j'ay versé cent poisons.
L'implacable dépit, les injustes soupçons,
  L'aveugle & la sourde colere,
  La jalousie au repos si contraire,
   Enfans de l'Art dont je me sers,
M'ont en vain procuré le secours des Enfers.

Quel fruit aura ton crime, infortuné Sémire ?
  Les mensonges divers à quoy tu donnes cours,
   Soulageront-ils ton martire ?
Que te sert de troubler d'innocentes amours ?

Je me vange, il suffit, je fais des miserables.
   N'est-ce pas un bien assez doux ?
   Achevons, puis retirons-nous
   En des Deserts inhabitables.

Amans, heureux Amans, dont je détruis la foy,
Puissiez-vous devenir plus mal-heureux que moy.

  Je vois déja cette Bergere en larmes.
Ce doit estre l'effet des dernieres alarmes
Par qui mon imposture a seduit sa raison.
Laissons sur son esprit agir nostre poison.

# SCENE SECONDE.

## ASTRE'E, PHILIS.

ASTRE'E donnant à Philis une Lettre ouverte

A Vois-je tort, Philis ? tu vois ces témoignages:
De sa main propre ils sont tracez,
Considere de quels outrages
Mes feux y sont récompensez.
Ne me parle jamais du Traistre.
Céladon, Céladon, il est un Dieu vangeur.

### PHILIS.

Ne le soupçonnez-pas, ma Sœur.

### ASTRE'E.

Voicy pourtant ses traits, peux-tu les méconaistre?

### PHILIS.

Je connois encor mieux son cœur.
Tout m'est suspect, tout vous doit l'estre.
Quelque ennemy secret vient d'imiter sa main.

### ASTRE'E.

Dédiras-tu nos yeux qui l'ont veu ce matin
Embrasser les genoux d'Aminte?

### PHILIS.

C'est un reste de feinte
Vous mesme avez pû voir avec quelle contrainte

A ij

Il feignoit des transports qu'il ne pouvoit sentir.
Qu'un veritable Amant a de peine à mentir !

ASTRE'E.

Eh ! qu'il ne mente plus.

PHILIS.

　　　　Sçait-il vostre pensée ?
　　Il voit depuis quelques jours
　　Que sa flàme est traversée,
　　Et qu'on trouble vos amours.
Il veut vous ménager, en exposant Aminte.

ASTRE'E.

Que ne me l'a-t'il dit.

PHILIS.

　　　　Sans doute il ne l'a pû.

ASTRE'E.

Mon cœur à Céladon n'estoit que trop connu
　　N'auroit-il pas préveu ma crainte
Si l'ingrat d'autres soins occupé, prévenu ....

PHILIS.

　　Ma Sœur, bannissez ces alarmes.
Quel objet vous peut-on préférer sous les Cieux !

ASTRE'E,

Aminte est engageante, & prévient par ses charmes.
Ton amitié me rend trop parfaite à tes yeux.

Hélas , qui feint d'aimer, eſt toûjours témeraire:
De la feinte à l'effet on n'a qu'un pas à faire ;
C'eſt un écueil fatal pour la fidelité:
Une premiere ardeur n'eſt bien-toſt plus qu'un ſonge:
   La verité devient menſonge,
   Et le menſonge verité.

### PHILIS.

  Les Coquettes les plus belles
  Ne touchent que foiblement,
  On peut par amuſement
  Feindre de brûler pour elles ;
  Et le plus crédule Amant
  Les regarde ſeulement
  Comme on fait les fleurs nouvelles,
Avec quelque plaiſir, mais ſans attachement.

### ASTRE'E.

Quand il plaiſt à l'Amour tout objet eſt à craindre,
Ce Dieu met bien ſouvent ſa gloire à nous atteindre,
Du trait le plus commun & le moins redouté,
Une premiere ardeur n'eſt bien-toſt plus qu'un ſonge:
   La verité devient menſonge,
   Et le menſonge verité.

Il le prévoyoit bien, le Traiſtre, l'Infidelle,
J'eûs peine à l'obliger à feindre ces amours.
Il reſiſta long-temps, je perſiſtay toûjours.
   Trouvoit-il Aminte ſi belle ?

*Je lisois dans ses yeux une secrette peur.*
*L'ingrat avoit raison de craindre pour son cœur.*

### PHILIS.

*C'estoit à vous d'avoir de la prudence*
*En l'éloignant du danger*
*De changer.*

### ASTRE'E.

*C'estoit à luy d'avoir de la constance*
*En resistant au danger*
*De changer.*

### PHILIS.

*A vos soupçons je ne sçaurois me rendre :*
*Mais voicy mon dessein, ma Sœur.*
*D'Hilas depuis deux jours je ménage le cœur.*
*Je veux que pour Aminte il feigne de l'ardeur.*
*C'est le moyen de tout aprendre :*
*Elle luy dira son secret.*
*Je l'attens ; vous sçavez combien il est discret.*
*Le Voicy.*

# SCENE TROISIEME.

## PHILIS, HILAS, ASTRE'E.

### PHILIS.

J'Ay besoin, Hilas, de vostre adresse.
    Puis-je compter sur vos sermens?
Vous me rendez des soins ; mais ces empressemens
    Sont-ils des effets de tendresse ?
    Où ne sont-ce qu'amusemens ?
Sans cesse vous allez de Bergere en Bergere,
    Jurant de sinceres Amours :
Zéphire n'eut jamais d'ardeur si passagere ;
Eh! comment s'assûrer qu'une ame si legere
    Puisse ne l'estre pas toûjours ?

### HILAS.

    Quoy, vous doutez si je vous ayme ?
Eh! qui pourroit, Philis, vous voir sans vous aymer?
Vous avez plus d'appas que n'en a l'amour mesme,
Des traits à tout ravir, des yeux à tout charmer,
    Et vous doutez si je vous ayme!

### PHILIS.

    Declarer si bien son ardeur
    Ce n'est pas ce qui nous engage :
    Les vrays interpretes du cœur
    Ne sont pas les traits du langage.

ASTRE'E.

*Ma Sœur, j'ose aujourd'huy te garantir sa foy.*
*L'Amour ne reservoit ce miracle qu'à toy.*

H I L A S.

*Si je n'aime Philis que ce Dieu me haïsse!*
*Qu'il me livre à des cœurs ennemis de ses traits!*
*Qu'à la fin mon bon-heur dépende du caprice*
*D'une Bergere sans attraits!*

P H I L I S.

*I'en croiray vos sermens si vostre amour s'applique*
*A m'instruire des feux d'Aminte & d'un Berger.*

H I L A S.

*N'est-ce pas Céladon? la chose est si publique*
*Qu'à de trop grands efforts ce n'est pas m'engager.*

P H I L I S.

*Il vient, partez.*

H I L A S.

*Je vole ou vostre ordre m'appelle.*

A S T R E' E & P H I L I S.

*Voyons comment, le traistre, l'infidelle*
*Soûtiendra son manque de foy.*

P H I L I S.

*Adieu, vous pourrez mieux vous éclaicir sans moy.*

SCENE

## SCENE QVATRIE'ME.

### CELADON, ASTRE'E.

#### CELADON.

HE' quoy, seule en ces lieux sans songer à la
  feste
  Dont vous serez tout l'ornement,
  C'est un Triomphe qui s'apreste
Pour les Dieux & pour vous aux yeux de vostre
  Amant.

On n'entend en tous lieux que des chants d'allegresse.
  Bergeres, Bergers tout s'empresse
  De celebrer ce jour charmant.
Cependant vous resvez : d'où vient cette tristesse?

#### ASTRE'E.

Berger vous paroissez aujourd'huy bien paré ;
De cét ajustement quels yeux vous sçauront gré?

#### CELADON.

  Les vostres, ma Déesse.

  Il n'est rien en ces lieux
  Qui ne s'efforce de vous plaire ;
Et c'est pour attirer vos regards précieux
Que ces Prez, que ces Bois, & cette onde si claire

B

*Etalent ce qu'ils ont de plus delicieux :*
*L'Astre mesme qui nous éclaire*
*Ne se montre si beau que pour plaire à vos yeux.*

### ASTRE'E.

*Céladon, banni$ez ces discours d'entre-nous ;*
*Je sçay qu'en vostre cœur une autre est préferée ;*
*Et vos vœux ne font pas pour l'innocente Astrée.*

### CELADON.

*Ciel ! mes vœux ne font pas pour vous ?*
*Dieux puissans qu'icy l'on révere,*
*Dieux vangeurs des forfaits, je vous atteste tous ;*
*Si quelqu'autre qu'Astrée à mes desirs est chere,*
*Faites tomber sur moy vos plus terribles coups.*

### ASTRE'E.

*Sois traitre seulement, & ne sois pas impie.*

### CELADON.

*Iuste Ciel ! vous doutez encore de ma foy ?*
*Mais quel est cét objet dont mon ame est ravie ?*

### ASTRE'E.

*Va, perfide, va garde toy*
*D'oser jamais paroistre devant moy.*

### CELADON.

*Ah ! du moins . . . .*

ASTRE'E.

*Non.*

CE'LADON.

*Quoy, sans l'entendre*
*Condamner un Amant si fidelle & si tendre!*

ASTRE'E.

*Non, perfide, non, garde-toy*
*D'oser jamais paroistre devant moy.*

CE'LADON.

*Mon sort est dans vos mains, il faut vous satisfaire:*
*Et puisque vostre arrest me livre au desespoir,*
*J'y cours, & respectant vostre injuste colere*
*Je me fais du trépas un funeste devoir:*
*Vous me regretterez, j'en suis seûr, & vostre ame*
*Au vain ressouvenir d'une constante flâme*
*Se laissant trop tard émouvoir,*
*Me donnera des pleurs que je ne pourray voir.*

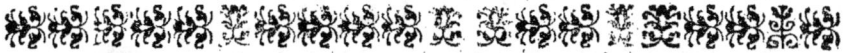

# SCENE CINQVIEME.

## ASTRE'E.

S Eroit-il innocent ? me ſerois-je trompée ?
        Soupçons dont j'ay l'ame occupée,
Dois-je donc vous bannir ? l'ay-je à tort condamné ?
En quel trouble me met cette fuite ſoudaine ?
        Qu'as-tu fait, Bergere inhumaine ?
        Où s'en va cét inforttuné ?
Ne le pas écouter ! ſe rendre inéxorable !
Ses pas précipitez, ſes regards pleins d'éfroy,
Me font craindre pour luy, que ne dis-tu pour toy,
        Bergere miſerable !
Tu ne l'as pû hair quand tu l'as crû coupable ;
Que ſera-ce s'il meurt en te prouvant ſa foy ?

Cours mal-heureuſe, cours, va retarder ſa fuite.
Céladon, Céladon, helas ! il précipite
        Ses pas & ſon cruel deſſein,
Il eſt ſourd à mes cris, & je l'appelle en vain,
Ie n'en puis plus, la force & la voix tout me quitte.

# SCENE SIXIEME.

Un Druide conduisant la Ceremonie de la Feste du Guy de l'an neuf, à la place d'Adamas.

Troupes de Druides, de Pastres, Silvains, Faunes, Bergers & Bergeres.

## UN DRUIDE.

MAistres de l'Univers, Dieux Puissans, nos Hameaux,
Vous presentent le don que viennent de nous faire
Ces antiques Palais qu'habitent les Oyseaux.
Conservez dans nos Bois leur ombre tutelaire.

Nous ne vous demandons en faveur de ce Don,
Ny des grandeurs, ny du renom,
Ny des richesses excessives;
Que les sources de l'or soient pour d'autres que nous;
Nos destins seront assez doux,
Si les Bergeres de ces rives
Ne font regner que de chastes desirs,
Et d'innocens plaisirs.

## LE DRUIDE, & le Chœur.

Conservez nos Troupeaux, arrosez nos Prairies,
Faites regner la paix sur ces rives fleuries;

ASTRE'E,

*Que Mars n'y trouble point les jeux & les chanfons*
    *Gardez nos fruits & nos moiffons.*

## UN BERGER & le CHOEUR.

*Accourez, Bergers fidelles,*
*Célebrez tous en ce jour*
*Vos Bergeres & l'Amour.*
*Chantez vos feux & vos belles.*

## CHOEUR.

*Venez, Amours, volez de cent climats divers*
    *En ce fejour tranquille.*
*Ces feüillages épais, ces gazons toûjours verds*
    *Vous offrent un charmant azile.*
*Venez, Amours, volez de cent climats divers*
*Pour enflamer nos cœurs feuls dignes de vos fers.*
*Laiffez dans un repos languiffant inutile*
    *Tout le refte de l'Univers.*

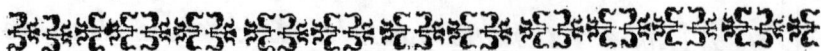

## SCENE SEPTIE'ME.

### UN BERGER.

POur pleurer Céladon ceſſez vos doux accords,
Du Lignon l'onde impitoyable
Vient de l'enſevelir.

### CHOEUR.

O perte irreparable !

### LE BERGER.

Nous n'avons pû le trouver ſur ces bords.

### LE DRUIDE.

Portons ce ſacré don ſur un Autel du Temple,
Et que chacun à mon exemple
A chercher ce Berger faſſe tous ſes efforts.

## SCENE HVITIE'ME.

### PHILIS, ASTRE'E.

### PHILIS.

CE'ladon dans les flots a terminé ſa vie,
Comment le diray-je à ma Sœur !

## ASTRE'E.

*Ie le fçais, Philis, ce malheur*
*Eft l'effet de ma jaloufie.*
*Dêtefte-moy; c'eft peu de me haïr:*
*Céladon ne perit que pour mieux m'obeïr.*
*Il s'eft perdu! je me perdray moy-mefme.*
*Que me fert la clarté du jour?*
*Ie ne verray plus ce que j'ayme!*
*Cher Amant as-tu pû me quitter fans retour?*
*Noftre bon-heur eftoit fuprême;*
*Les Dieux nous envioient du haut de leur séjour.*
*Tu t'és perdu! je me perdray moy-mefme!*
*Que me fert la clarté du jour?*

# FIN DU PREMIER ACTE.

# ACTE SECOND.

Le Theatre reprefente les Jardins de
Galatée , & dans l'éloignement
le Palais d'Ifoure.

## SCENE PREMIERE.

### GALATE'E.

JE ne me connois plus , quelle nouvelle ardeur
    Se rend maiſtreſſe de mon cœur?
    Un Berger cauſe ces alarmes.
Doux & tranquilles vœux , qu'eſtes vous dévenus?
Le ſort offre à mes yeux un Berger plein de charmes;
Et depuis ce moment je ne me connois plus.

C

# SCENE SECONDE.

## LEONIDE, & GALATE'E.

### LEONIDE.

PRinceſſe, cherchez vous icy la ſolitude?

### GALATE'E.

Je me laiſſe conduire à mon inquietude.
Mais que fait Céladon? dis-moy, qu'en penſes-tu?
Ie voy qu'en ſecret tu me blâmes
D'avoir pû concevoir de ſi honteuſes flâmes ;
Mais, helas ! qui n'auroit vainement combattu
Contre les traits dont il a ſçeu m'atteindre !
Il alloit expirer ; l'onde venoit d'éteindre
Le vif éclat de ſes attraits.
La pitié luy preſta ſes traits.
L'Oracle, les Deſtins, tout luy fut favorable.
Rien ne vint s'oppoſer à ma naiſſante ardeur.

### LEONIDE.

Que de raiſons ont fait entrer dans voſtre cœur
Un Ennemy ſi redoutable !

### GALATE'E.

Mes yeux me trompent-ils? c'eſt à toy d'en juger.

### LEONIDE.

Princeſſe, il eſt charmant, mais ce n'eſt qu'un Berger.

GALATEE.

*Par les nœuds de l'Hymen le Sceptre & la Houlette*
*Se font unis plus d'une fois.*
*L'amour n'eft plus amour dés qu'il cherche en ce choix*
*Une égalité fi parfaite.*

*Mon cœur eft excufable ; & Galatée enfin*
*Seroit-elle fans toy dans cette peine extrême ?*
*Leonide, ce fut toy-mefme*
*Qui me fis malgré-moy confulter ce Devin.*

*Princeffe, me dit-il, voicy voftre deftin.*
*Une étoile ennemie autant que favorable,*
*Peut vous rendre en hymen heureufe ou miferable.*
*Dans ce miroir regardez bien ces lieux :*
*Vers le déclin du jour il faudra vous y rendre ;*
*Celuy qui s'offrira le premier à vos yeux,*
*Eft l'Epoux que le Ciel vous ordonne de prendre.*
*J'apperceus ce Berger, refifteray-je aux Dieux ?*

LEONIDE.

*Princeffe, fon Aftrée a pour luy trop de charmes.*

GALATEE.

*Eh ! n'ay-je pas les mefmes armes ?*
*N'eft-ce rien que mon rang auprés de Céladon ?*

LEONIDE.

*Vous ne connoiffez pas les Bergers du Lignon.*

Leurs Amours font leurs Dieux, l'offenfe la plus noire
    Pour eux eft l'infidelité.
      Aymer fait leur felicité ;
Aymer conftamment fait leur gloire.

### GALATE'E.

    Toutes les Conqueftes d'éclat
    Flatent la vanité des hommes.
Quelque conftants qu'ils foient dans les lieux où nous
    fommes,
La beauté dans mon rang ne fit jamais d'ingrat.

Je tremble, je le voy ; quoy, mefme en ma prefence
Il foûpire, il fe plaint aux Echos d'alentour !

### LEONIDE.
    Il n'eft plein que de fon amour.
Par fes chagrins, jugez de fa conftance.

---

# SCENE TROISIE'ME.

## GALATE'E, CELADON, LEONIDE.

### GALATE'E.

CE'ladon, contemplez nos jardins & nos bois,
    Qui ne croiroit que Flore y tienne fon empire!
    De ces Oyfeaux qu'amour infpire
    Ecoutez les charmantes voix.
A charmer vos ennuis en ces lieux tout confpire.

Cependant c'est en vain que tout vous fait la Cour,
Nos soins, nos vœux, ce beau séjour,
N'ont point d'agrément qui vous flate:
Galatée a sujet de se plaindre de vous:
Faut-il que sans effet sa presence combate
Cette tristesse ingrate
Que vous osez conserver parmy-nous.

### CELADON.

Princesse, ma douleur n'est pas en ma puissance,
Je sors, vous le sçavés, du plus affreux danger,
Puis-je m'empécher d'y songer?

### GALATE'E.

Songez plûtost à ma presence,
C'est la seule reconnoissance
A quoy je veux vous engager.

Vous soûpirez, vous vous plaignez sans cesse,
Si c'est d'une ingrate Maistresse,
Changez, vous pouvés faire un choix remply d'appas.
A souffrir tant de maux, quel cœur peut vous con-
traindre?
Helas! le mien ne comprend pas
Que vous deviés jamais vous plaindre.

Mais quelle est cette Astrée, & depuis quand ses
coups

ASTRE'E.

Tiennent-ils voſtre ame aſſervie ?
Voſtre eſclavage eſtoit-il doux ?

CE'LADON.

Belle Prineſſe, comme à vous,
Hélas ! je ſuis bien loin de luy devoir la vie !

GALATE'E.

Du Lignon en fureur dans ce fatal moment
Contez-moy l'accident funeſte.

CE'LADON.

J'y tombay, vous ſçavez le reſte ;
Je ne veux vous parler que de vous ſeulement.

GALATE'E,

Vous paſliſſez ; vous changez de viſage.

CE'LADON.

Nymphe, c'eſt malgré-moy que ſous un doux ombrage
L'aſpect de ce fatal rivage
A rappellé les maux que je viens d'endurer.

GALATE'E,

De vos chagrins, de cette triſte image
Puiſſe le Ciel vous délivrer !

Divertis ſes ſoins Leonide.
Fais luy voir de ces lieux toutes les raretez.
Parle-luy de cét antre, où des flots enchantez,
Faiſoient connoiſtre un cœur ou conſtant ou perfide.

# SCENE QVATRIE'ME.

### CE'LADON, LEONIDE.

#### LEONIDE.

DAns le fonds de ce Bois eſt un antre ſacré.
  Là jadis chacun à ſon gré
Pouvoit, en regardant dans une onde fidelle,
  Qui coule en ce lieu reveré,
  Connoiſtre ſi l'objet en ſon cœur adoré,
Ne brûloit point de quelque ardeur nouvelle.
Cette Fontaine a nom, la Verité d'Amour,
On n'en approche plus ; Deux Monſtres à l'entour
Interdiſent l'abord d'une ſource ſi belle.

#### CE'LADON.

Leonide, je ſçay que cét enchantement
  Nuit ou ſert à plus d'un Amant.
Voyez combien il m'eſt contraire.
  Sans ces Monſtres pleins de fureur
Aſtrée auroit pû lire en cette onde ſincere,
  Mon innocence & ſon erreur.
Elle m'auroit trouvé fidelle.

#### LEONIDE.

Vous aymés trop une Beauté cruelle,
Oubliés-la. Cedés à des tranſports plus doux,

*Et fongez qu'en ces lieux il eft une Princeffe*
*Dont les appas & la tendreffe*
*Sont dignes d'un Amant auffi parfait que vous.*

*Laiffés la conftance*
*Aux heureux Amans.*
*Vous fouffrez mille tourmens.*
*Vous aimés fans efperance.*
*Laiffés la conftance.*
*Des plaifirs les plus charmans.*
*Amour icy récompenfe*
*De fi juftes changemens.*
*Laiffés la conftance*
*Aux heureux Amans.*

### CE'LADON.

*Vous voulez m'engager fous un nouvel empire ;*
*Et dans mes premiers feux je veux perfeverer.*
*Ce n'eft point par confeil que noftre cœur foûpire,*
*Ou qu'il ceffe de foûpirer.*

### CE'LADON & LEONIDE enfemble.

*Ce n'eft point par confeil que noftre cœur foupire,*
*Ou qu'il ceffe de foupirer.*

### CE'LADON.

*Voftre Princeffe eft jeune & belle,*
*Elle meriteroit le cœur d'un Souverain.*

Mais

*Mais celuy d'un Berger! quelle gloire pour elle!*
*Nymphe vous combattez en vain*
*La foy que j'ay jurée.*
*Combattez-la quand vous verrez Astrée.*

## LEONIDE.

*Sa beauté ne sçauroit excuser sa rigueur.*
*Céladon, il est vray, vostre Bergere est belle,*
*Mais elle est fiére, elle est cruelle,*
*Elle abuse de vostre cœur.*

## CE'LADON.

*Ah si j'estois dans nos boccages!*
*Si leurs frais & sacrez ombrages*
*Pouvoient servir de Temple à l'objet de mes feux!*
*Si mon cœur y pouvoit sacrifier sans cesse*
*Au souvenir de sa Déesse,*
*Que je me trouverois heureux!*

D

## SCENE CINQVIE'ME.

ISMENE Fée, LEONIDE, CELADON.

### ISMENE.

LE Ciel exaucera vos vœux.
Il me l'a fait sçavoir. Je suis la Fée Ismene.
Ma puissance & mon art vont vous tirer de peine.

### LEONIDE.

Qui vous rend à ces lieux, Ismene, dites-moy?

### ISMENE.

L'ordre secret des Dieux : j'execute leur Loy.

### LEONIDE.

Quels biens vostre pouvoir ne va-t'il pas répandre
Dans cét heureux séjour !

### ISMENE.

Mon Oracle doit vous l'aprendre,
Avant la fin du jour.

Céladon, mettez fin à vos tristes alarmes.
Vostre Bergere par ses larmes
Veut elle-mesme vous vanger.
Elle croit que de son Berger,

*L'ame encor dans les airs, faute de sépulture,*
*Autour de ces Hameaux errante à l'avanture,*
*Attend qu'un vain tombeau la vienne soulager.*

## CELADON.

*Confidente des Dieux, un Amant trop fidelle*
  *Attend tout de voſtre ſçavoir.*
  *Faites par ſon divin pouvoir*
*Que libre & dans nos Bois j'adore ma cruelle.*

## ISMENE.

*Je feray plus encore & pour vous & pour elle,*
  *Dans ce moment mon art vous fera voir*
  *Ses regrets & ſon deſeſpoir.*

## ISMENE aux Miniſtres de ſa puiſſance.

 *Princes de l'air, Nymphes, Héros, Génies,*
*Calmez de ce Berger les peines infinies.*
*Faites-luy voir Aſtrée, cachez-le à ſes yeux.*
*Rendez à cét objet l'honneur qu'on rend aux Dieux.*
*Et le Temple, & l'Autel, & les ceremonies*
*Vous ont eſté déja par mon ordre preſcrits.*
*Faites voſtre devoir, purs & legers Eſprits,*
 *Princes de l'air, Nymphes, Héros, Génies.*

Les Eſprits Aëriens deſcendent ſur un tourbillon de
Nüages, & conſtruiſent un Temple dedié à Aſtrée : Le
Jardin ſe change entierement en Foreſt.

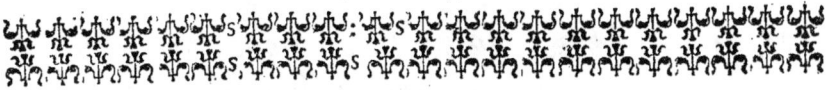

## SCENE SIXIEME.

### PHILIS, ASTRE'E.

#### PHILIS.

Nous parcourons en vain tous les bords du
    Lignon.
Reposons-nous, ma Sœur ; entrons dans ce bocage.

#### ASTRE'E.

O Dieux ! j'y vois un Temple !

#### PHILIS.

         Il porte vostre nom.
Je viens de voir au fonds de cét ombrage
      Ces mots écrits par Celadon.

      C'est dans cette demeure
Qu'un Amant exilé cherche en vain quelque paix.
Que pour le prix des pleurs qu'il y verse à toute heure
Puisse Astrée estre heureuse & n'en verser jamais !

#### ASTRE'E.

Quoy de son ennemie il en fait sa Déesse !
Au moment que je viens de causer son trespas
Il me consacre un Temple, & demeure icy bas
      Afin de m'adorer sans cesse !

*Dans ce sombre reduit retirons-nous, ma Sœur.*
*Pourrois-je apres de tels outrages*
*Sans honte & sans remords joüir d'un tel honneur?*
*Un tombeau m'est mieux deû qu'un temple & des*
*hommages.*

## SCENE SEPTIE'ME.

### ASTRE'E PHILIS.

Chœur de Demy-Dieux, de Nymphes, & des
Ministres d'Ismene.

### UN GENIE.

N'Aprochez point, profanes cœurs ;
C'est icy le Temple d'Astrée :
Qu'aucun mortel en ce lieu n'ait entrée
S'il ne sent de pures ardeurs.

#### Chœur.

*C'est icy le Temple d'Astrée,*
*N'aprochez point profanes cœurs.*

### LE GENIE.

*Soyez sensible, Astrée, au sort de vostre Amant.*
*Pour luy nos voix à tout moment*
*Font résonner icy mille plaintes nouvelles.*
*Il ne pense qu'à vous, il n'a pour tous desirs*

*Que de fe confoler en fes peines cruelles*
*Par de vains & triftes plaifirs.*

### HILAS.

*Voilà l'effet que produit la conftance!*
*Vantez, Bergers, voftre perfeverance.*

### TIRCIS.

*C'eft un devoir de perfifter toûjours*
*Dans les mefmes amours.*

### HILAS.

*C'eft une erreur de perfifter toûjours*
*Dans les mefmes amours.*

### TIRCIS ET HILAS enfemble.

*C'eft un devoir*
*C'eft une erreur* } *de perfifter toûjours*
*Dans les mefmes amours.*

### TIRCIS.

*Hilas y fonges-tu? profaner un tel Temple!*

### LE GENIE.

*N'imitez pas fon exemple.*

*Regnez, divin objet, & triomphez des cœurs.*
*Daignez recevoir les honneurs*
*Que le Ciel fait rendre à vos charmes.*
*Ne les profanez point, ne verfez plus de larmes*
*Regnez, divin objet, & triomphez des cœurs.*

Chœur.

*Regnez divin objet, & triomphez des cœurs. &c.*

Chœur.

*Que sous les pas d'Astrée icy tout s'embellisse !*
*Que de son nom tout retentisse !*
*Faisons-le repeter aux échos d'alentour,*
*Tous les cœurs luy rendent les armes,*
*Et celebrer ses charmes*
*C'est celebrer le pouvoir de l'amour.*

## SCENE HUITIESME.

### PHILIS, ASTRE'E.

### PHILIS.

REtirons-nous aussi, quittons cette demeure,
*La peur m'y saisit à toute heure.*

*Il est tard, & chacun s'en retourne aux hameaux,*
*L'ombre croist en tombant de nos prochains coteaux*
*Rejoignons ces Bergers, déja la nuit s'avance :*
*Dans ces lieux regne le silence.*
*Bergers, attendez-nous .... ils ne m'écoutent pas...*

### ASTRE'E.

*C'est de moy seulement qu'ils détournent leurs pas.*

ASTRÉE,

*Eust-on dit qu'un jour cette Astrée*
*Seroit l'horreur de la contrée?*
*Tout le monde me fuït! on a raison, Philis;*
*Qui ne détesteroit mes fureurs excessives?*
*O lieux! que mon Berger a long-temps embellis,*
*Redemandez-moy tous l'ornement de vos rives.*

Fin du deuxiéme Acte.

ACTE

# ACTE III.

Le Theatre represente la Fontaine de
la verité d'amour dans une
Forest agreable.

## SCENE PREMIERE.

### ASTRE'E.

Nfin me voilà seule, & j'ay trompé Philis.
Venez monstres cruels, ce n'est pas que j'espere
Que ma beauté foible & legere
Donne atteinte à des sorts par l'Enfer
établis.
Je ne veux que mourir.

Céladon tu m'appelles.
Si parmy les choses mortelles
Quelqu'une peut encor t'attacher icy bas,

E

    *Plains la Bergere qui t'adore ;*
    *Ce n'est plus pour moy que l'Aurore*
    *Reparoistra dans nos climats.*

*Chere ombre, je te suis. Adieu rives cruelles,*
*Adieu Soleil, adieu mes compagnes fidelles ;*
*N'aymez point ; ou taschez de bannir de l'amour*
*Les soupçons, les dépits, les injustes querelles ;*
*Celuy que je regrette en a perdu le jour.*

    *Je ne vous fuis que pour le suivre :*
    *A ce devoir il me faut recourir :*
    *Si je vous ay promis de vivre*
*Aux mânes d'un amant j'ay promis de mourir.*

    *C'est trop tarder, ombre chérie :*
    *Vien voir mon crime s'expier :*
    *Ayde mon cœur à défier*
    *Ces animaux pleins de furie.*

*Mais d'où vient que je perds l'usage de mes sens ?*
    *La mort sur mes yeux languissans*
    *Estend un voile plein de charmes.*
*Avec quelle douceur je termine mes jours !*
*Quel plaisir de ceder à de telles alarmes*
    *Pour se rejoindre à ses amours !*

# SCENE SECONDE.
## CE'LADON.

SOus ces ombrages verds je viens de voir Aftrée;
Bois dont elle parcourt les détours tenebreux
Ne me la cachez pas fous voftre ombre facrée.

O Dieux! je l'apperçois aux pieds d'un Monftre
affreux!
Des puiffances d'Enfer Miniftre malheureux,
Par quel droit nous l'as-tu ravie?
Inhumain devois-tu feulement l'approcher?
Ce dard punira ta furie.
Tout mes efforts font vains & je frappe un Rocher.

Meurs Céladon; qui me retient la main?
Fiers animaux je vous reclame en vain,
Tout eft marbre pour moy, tout eft fourd à ma peine.
Leonide eft-ce là cette faveur d'Ifmene?
Je meurs enfin, & pluft aux Dieux
Que j'euffe pour témoins de ma mort ces beaux yeux!

## SCENE TROISIE'ME.
### TIRCIS, HILAS.
#### TIRCIS.

C'EST icy que se doit accomplir le miracle
Que la Fée a predit aux Rives du Lignon.

#### HILAS.

Raconte-moy donc son oracle.
Que vois-je! juste Ciel! Astrée & Céladon
De ces monstres cruels ont éprouvé la rage!

#### TIRCIS.

Le sort est accomply, ne nous allarmons pas.
Le Ciel en ces Amants acheve son ouvrage.
Pour finir tes frayeurs entens l'Oracle, Hilas.

Le plus constant & la plus belle,
Pour rendre à l'Univers cette glace fidelle
Détruiront un enchantement;
On les verra mourir, mais d'une mort nouvelle:
Ils revivront en un moment.

#### HILAS.

De ces monstres horribles
L'aspect n'est plus à redouter.

#### TIRCIS.

Ne troublons point du sort les misteres terribles,
Sortons; à nos hameaux allons tout raconter.

## SCENE QUATRIESME.

### ASTRE'E, CE'LADON.

### ASTRE'E.

Oui me rameine au jour? & d'où vient que je voy
L'Ombre de Céladon se presenter à moy?
Mes yeux me trompent-ils! son ombre! c'est luy-
mesme.
Quoy je reverrois ce que j'ayme!
Helas! il est sans mouvement.
Vains & trompeurs Demons, rendez-moy mon
Amant.
Il ouvre enfin les yeux, il reprend tous ses charmes.
L'ay-je ranimé par mes larmes?

### CE'LADON.

Où suis-je! le Soleil éclaire-t'il les morts!
Quoy je revoy les mesmes bords
Où ma Divinité m'interdit sa presence?
C'est elle mesme que je voy.

### ASTRE'E.

Ah! ne rappellez point une injuste deffense;
Mes pleurs ont lavé cette offence;
Deviez vous suivre cette loy.

# ASTRE'E,
## CE'LADON.

*Quoy! vous m'avez, pleuré! ces larmes precieuses*
*Auroient arrosé mon tombeau?*
*Divinitez, de mon sort envieuses*
*Avez-vous un destin si beau?*

*Les yeux de la divine Astrée*
*M'ont vangé de vostre courroux:*
*Vous ignorez les plaisirs les plus doux,*
*Descendez en une contrée*
*Où de semblables yeux puissent pleurer pour vous.*

## ASTRE'E.

*N'irritez point les Dieux, & craignez leur puissance,*
*Vos transports les pourroient contre nous animer.*
*J'ay de vos feux assez de connoissance,*
*Vous m'aimez trop...*

## CE'LADON.

*Peut-on vous trop aimer?*

## ASTRE'E.

*Que je vous ay causé d'allarmes!*
*Ay-je trop pû les payer par mes larmes?*
*Ah! que nous benirons nos fers,*
*Si l'amour mesure ses charmes*
*Sur les tourments qu'on a soufferts!*

## ASTRE'E, CE'LADON.

*O! doux souvenir de nos peines!*
*O nœuds! par qui l'amour recommence à former*

*L'efpoir le plus cher de nos chaînes,*
*Redoublez les plaisirs qui viennent nous charmer.*
*O! doux souvenir de nos peines!*

## SCENE CINQVIE'ME.

### ISMENE, GALATE'E, CE'LADON, ASTRE'E.

#### CE'LADON à ASTRE'E.

**L**A Nymphe vient à nous.

#### CE'LADON à GALATE'E.

*Princesse, noftre fort*
*Vous doit faire excuser ces marques de tranfport.*

#### GALATE'E.

*J'ay déja tout appris d'Ifmene,*
*Tendres Amans vos vœux font exaucez;*
*Venez voir en cette eau la fin de voftre peine.*

#### ASTRE'E & CE'LADON,

*Nous la voyons dans nos cœurs, c'eft affez.*

#### ISMENE,

*Rien ne peut plus troubler une fi douce chaîne,*
*Achevons de remplir les ordres du Deftin;*
*Tout obeït à mon pouvoir divin:*
*Rien ne peut plus troubler une fi douce chaîne:*

*Uniſſons ces tendres Amans,*
*Ils n'ont que trop ſouffert, finiſſons leurs tourmens.*

GALATE'E, ISMENE, ASTRE'E,
CE'LADON.

*Uniſſons ces* }
*Uniſſez de* } *tendres Amans,*

*Ils n'ont que trop ſouffert* { *finiſſons* } *leurs tourmens.*
                               { *finiſſez* }

I S M E N E.

*Du haut de leur gloire éternelle*
*Les Dieux ont daigné voir ces Amans en ce jour;*
*Et veulent rendre leur amour*
*Heureux autant qu'il fût fidelle.*

GALATE'E, ISMENE, ASTRE'E,
CE'LADON.

*Uniſſons ces* }
*Uniſſez de* } *tendres Amans, &c.*

G A L A T E' E.

*Le Printemps avec toutes ſes graces*
*Ne nous paroiſtroit pas entouré de plaiſirs,*
*Si l'Hyver environné de glaces*
*N'avoit interrompu le regne des Zéphirs.*

I S M E N E.

*Plus on a de tourmens ſouffers*
*Plus douce eſt la fin du martire;*

*Plus Borée*

*Plus Borée a troublé les airs,*
*Et plus le retour de Zéphire*
*Cauſe de joye à l'Univers.*

## SCENE SIXIEME.

### GALATE'E, ISMENE, HILAS,
Chœur de Bergers & de Bergeres.

#### GALATE'E.

QUe tout ce que ma Cour a de magnificence
Accompagne aujourd'huy l'Hymen de ces
Amans ;
*Inventez tous des Divertiſſemens*
*Dignes de ma préſence.*

#### ISMENE & GALATE'E.

*Amans, votre perſeverance*
*Du ſort ſurmonte les rigueurs,*
*Que l'Hymen & l'Amour toûjours d'intelligence*
*Vous comblent à jamais de toutes leurs douceurs.*

#### Le Chœur.

*Que l'Hymen & l'Amour toûjours d'intelligence*
*Vous comblent à jamais de toutes leurs douceurs.*

F

HILAS, aux amans qui veulent aller à la Fontaine
de la verité d'Amour.

Ces indiscretes eaux vont vous accuser tous
Vous feriez beaucoup mieux de croire que vos belles
Sont fidelles.
A quoy sert d'estre jaloux,
C'est le moyen de déplaire,
Et de faire
Qu'à l'objet de vos vœux d'autres plaisent que vous.
ISMENE.
Esprits soûmis à ma puissance
Venez, & sous divers déguisements,
Faites connoître à ces heureux Amans
Les surprenans effets de vostre obeissance.

# SCENE SEPTIE'ME.

Troupe de la suite d'ISMENE.
LIZETTA, GALIOFFO, GAMBARINI.

## LIZETTA.

CHi per mogl' mi uvol pigliar!

Son Lizetta,
Fanciulletta,
Vezzozetta,
Leggiadretta,

Son d'omore la faetta
Fatta per tutto infiammar.
Chi per mogl' mi uvol pigliar!
Ogni fior, fè non è colto,
Cade, è da gli venti è tolto.
Ahi che tem' ch'al primo fiato
Certo fior troppo guardato
Meco più non poffa ftar.
Chi per mogl' mi uvol pigliar!

GALIOFFO, Amante di Lizetta.

Di voi fono inamorato.
Il fantolin dio Bendato
Con un ftral avelenato
M'ha per voi ferito il cor.
Rifpondete a tanto ardor,
E fate entrar, en fto di fortunato,
El mio vafcel' tormentato.
Nel dolce porto d'Amor.

GAMBARINI, Rivale di Galioffo.

Tù feì matt' d'amar fta bella.
Speri tù qualchè mercè?
Queft' amor convien' à tè
Com' all' afino la fella.

Lizetta é fatta per me!
Com' io fon fatto per ella.

Son gioven', le è giovanella,
Son fedel, le è pien' di fè.
Com' io son fatto per ella,
Lizetta è fatta per mè.

### LIZETTA.

O quanti bechi
Balordi, e vecchi!
Qual Bruttalaccio!
Qual Nazonaccio!
Non voglio tal servitù,
Nè mi maritaro più.

### GALIOFFO.

Voi mi sprezzatte!

### GAMBARINI.

Voi mi Beffatte!

### LIZETTA, GALIOFFO, GAMBARINI.

Non voglio tal servitù,
Nè mi mariterò più.

### Chœur de la suite de GALATE'E.

*Versons dans tous les cœurs une joye éclatante.*
*Qu'en ces lieux tout rie & tout chante.*
*Fuyez, éloignez-vous d'icy*
*Ennuy, chagrin, triste soucy.*

# TRAGEDIE.

Troupe de la suite d'ISMENE.

Cantiamo,
Balliamo,
Ridiamo,
Sempre viviamo coſſi.

Troupe de la suite de GALATE'E.

*Chantons portons nos voix juſqu'au celeſte empire.*

*Que les plus graves Dieux, en nous entendant rire,*
*Y ſoient forcez de rire auſſi.*

Suitte d'ISMENE.

Sù pigliam' tutte le gioie
Emandiam' tutte le noie
All' inferno in queſto dì.

Tous enſemble.

*Verſons dans tous les cœurs une joye éclatante.*
*Qu'en ces lieux tout rie & tout chante.*
*Fuyez, éloignez-vous d'icy*
*Ennuy, chagrin, triſte ſoucy.*

Fin du troiſiéme & dernier Acte.